Teach

Math

Tables

To

Your

Kid

[ZHINGOORA BOOKS]

Digits

11 - Eleven

12 - Twelve

13 - Thirteen

14 - Fourteen

15 - Fifteen

16 - Sixteen

17 - Seventeen

18 - Eighteen

19 - Nineteen

20 - Twenty

11 Times Table

$11 \times 1 = 11$

$11 \times 2 = 22$

$11 \times 3 = 33$

$11 \times 4 = 44$

$11 \times 5 = 55$

$11 \times 6 = 66$

$11 \times 7 = 77$

$11 \times 8 = 88$

$11 \times 9 = 99$

$11 \times 10 = 110$

12 Times Table

$$12 \times 1 = 12$$
$$12 \times 2 = 24$$
$$12 \times 3 = 36$$
$$12 \times 4 = 48$$
$$12 \times 5 = 60$$
$$12 \times 6 = 72$$
$$12 \times 7 = 84$$
$$12 \times 8 = 96$$
$$12 \times 9 = 108$$
$$12 \times 10 = 120$$

13 Times Table

$$13 \times 1 = 13$$

$$13 \times 2 = 26$$

$$13 \times 3 = 39$$

$$13 \times 4 = 52$$

$$13 \times 5 = 65$$

$$13 \times 6 = 78$$

$$13 \times 7 = 91$$

$$13 \times 8 = 104$$

$$13 \times 9 = 117$$

$$13 \times 10 = 130$$

14 Times Table

14 x 1 = 14

14 x 2 = 28

14 x 3 = 42

14 x 4 = 56

14 x 5 = 70

14 x 6 = 84

14 x 7 = 98

14 x 8 = 112

14 x 9 = 126

14 x 10 = 140

15 Times Table

$$15 \times 1 = 15$$

$$15 \times 2 = 30$$

$$15 \times 3 = 45$$

$$15 \times 4 = 60$$

$$15 \times 5 = 75$$

$$15 \times 6 = 90$$

$$15 \times 7 = 105$$

$$15 \times 8 = 120$$

$$15 \times 9 = 135$$

$$15 \times 10 = 150$$

16 Times Table

16 x 1 = 16

16 x 2 = 32

16 x 3 = 48

16 x 4 = 64

16 x 5 = 80

16 x 6 = 96

16 x 7 = 112

16 x 8 = 128

16 x 9 = 144

16 x 10 = 160

17 Times Table

17 x 1 = 17

17 x 2 = 34

17 x 3 = 51

17 x 4 = 68

17 x 5 = 85

17 x 6 = 102

17 x 7 = 119

17 x 8 = 136

17 x 9 = 153

17 x 10 = 170

18 Times Table

18 x 1 = 18

18 x 2 = 36

18 x 3 = 54

18 x 4 = 72

18 x 5 = 90

18 x 6 = 108

18 x 7 = 126

18 x 8 = 144

18 x 9 = 162

18 x 10 = 180

19 Times Table

19 x 1 = 19

19 x 2 = 38

19 x 3 = 57

19 x 4 = 76

19 x 5 = 95

19 x 6 = 114

19 x 7 = 133

19 x 8 = 152

19 x 9 = 171

19 x 10 = 190

$$20 \times 1 = 20$$
$$20 \times 2 = 40$$
$$20 \times 3 = 60$$
$$20 \times 4 = 80$$
$$20 \times 5 = 100$$
$$20 \times 6 = 120$$
$$20 \times 7 = 140$$
$$20 \times 8 = 160$$
$$20 \times 9 = 180$$
$$20 \times 10 = 200$$

End of the book.

www.ingramcontent.com/pod-product-compliance
Lightning Source LLC
Chambersburg PA
CBHW060023300526
45794CB00003B/1271